MENSCHEN
NACH DEM KRIEG
1945-1955

MENSCHEN NACH DEM KRIEG 1945–1955

BILDBAND

Gerhard Jagschitz
Gottfried Stangler
Barbara Pilz
Michaela Gaunerstorfer

NP
VERLAG
NIEDERÖSTERREICHISCHES
PRESSEHAUS
St. Pölten–Wien

1. Auflage 1995

Umschlaggestaltung und Layout:
Elmecker & Reuter Designer, Wien

Satz, Reproduktion und Druck:
Niederösterreichisches Pressehaus
Druck- und Verlagsgesellschaft mbH
A-3100 St. Pölten, Gutenbergstraße 12

Bindung:
Buchbinderei Salzburg
A-5020 Salzburg, Karolingerstraße 5a

ISBN 3 85326 028 4

INHALT

Als die Vorbereitungen für die Ausstellung auf der Schallaburg für das Jahr 1995 begannen, war die Konzeption rasch klar: Es sollten Menschen in den Mittelpunkt gestellt werden, deren Schicksal repräsentativ für die Zeit zwischen dem Kriegsende und dem Staatsvertrag waren. Damit sollte der Versuch unternommen werden, die ausgetretenen Pfade einer elitären Ereignisgeschichte ebenso zu verlassen wie den modischen alltagsgeschichtlichen Zugang. Denn im ersten Fall präsentiert sich Geschichte als Ansammlung großer Ereignisse mit großen Männern (Frauen kommen da nur selten vor), im andern aber dienen Menschen nur als Vorwand für die Darstellung sozialer Zustände – ihre Individualität, ihre persönliche Lebensgestaltung ist nebensächlich.

Dieser Haltung entspringt die herablassende Bezeichnung der Menschen als „kleine Leute", womit einerseits festgehalten wird, daß es eben auch „große Leute" gibt, andererseits, daß deren Schicksal nicht so wichtig ist. Doch die Menschen kleinerer Lebensräume haben ein Recht auf ihren Wert und ihre Werte. Zeitgeschichte ist zwar auch Geschichte großer und bedeutender Geschehnisse, doch eben nicht nur. Schicksale von einzelnen, Familien, kleinen Gemeinschaften oder Dörfern stehen gleichwertig neben den Schicksalen von Politikern oder Staaten. Und diese Menschen haben das Recht, die Geschichte ihres eigenen Lebens in einer passenden Form überliefern zu können.

Selbstverständlich bringt dieser Anspruch große Schwierigkeiten bei der visuellen Darstellung mit sich, weshalb man sich entschloß, einen die Ausstellung begleitenden, sie ergänzenden und sie auch überdauernden Bildband vorzulegen. Es war jedoch notwendig, für dieses Buch ein eigenes Konzept zu entwikkeln.

Der Wunsch, die markantesten Geschehnisse in Bildern zu erfassen, mußte bald fallengelassen werden. Denn was sich in Erzählungen oft zu einem eindrucksvollen Gesamtbild zusammenfügt, hat keine Entsprechung in den überlieferten Photographien. So muß man sich damit begnügen, bestenfalls Streiflichter bieten zu können, die jedoch nicht imstande sind, die breite Palette der Ängste und Sorgen, Nöte und Qualen, Fröhlichkeiten und Traurigkeiten abzudecken. Es können nur Impressionen mit ihrer zeitgenössischen Atmosphäre und ihren dennoch sichtbaren Emotionen dargestellt werden; weder eine zeitliche Geschlossenheit noch ein regionaler Querschnitt war möglich.

Es wurde bewußt versucht, von „oben" gemachte Bilder einzuschränken. Denn was ein professioneller Photograph auf hohem technischem Standard und mit geschultem Auge herstellt, sind für die Öffentlichkeit gedachte, ja schon für die Öffentlichkeit arrangierte Bilder. Sie haben einen spezifischen Stil, eine spezifische Ästhetik und damit eine spezifische Aussage sowie eine andere Stimmung. Für den eigenen Gebrauch hergestellte Photographien mögen zwar technisch unzulänglich, mit dilettantischer Bildkomposition oder angeschnittenen Köpfen oder Füßen versehen sein, doch sind sie eine persönliche Aneignung und signalisieren persönliche Betroffenheit.

Die Privatphotographie ist weniger theatralisch, weniger auf äußere Effekte bedacht und weist eine intimere Erinnerungsebene auf als ihr großer öffentlicher Bruder, die Pressephotographie. Vergleicht man die beiden Typen, so wird man bald merken, wie sehr unsere Bilderwelt – auch unsere historische – von diesen öffentlichen Photos geprägt ist. Eine

Parade sowjetischer Soldaten etwa in Zwettl besitzt eine andere Dimension als eine Parade auf der Wiener Ringstraße. So verfolgt dieser Band die Absicht, die Klischees öffentlicher Bilder aufzubrechen – wir haben nur im Kapitel „Wien und die große andere Welt" auf sie zurückgegriffen – und ihnen die Bilder kleiner Lebensräume gegenüberzustellen.

Dieses Buch soll jedoch keine Imitation eines Familienalbums sein; es ist eine bewußt gestaltete, aus vielen Sammlungen gespeiste Zusammenstellung, die aus unserem heutigen Wissen der Tatsache entspricht, daß auch private Zugänge allgemeine Gültigkeit für ihre Zeit haben. Die ausgewählten Photographien werden in erster Linie als historische Quellen verstanden, die unsere Kenntnis der Vergangenheit durch die diesem Medium eigene Aussagen und Informationen erweitern können.

Unser Konzept stieß aber auch bald auf die durch die schwierige Quellenlage gesetzten Grenzen. Denn die Art von Bildern, die wir suchten, war kaum in den großen öffentlichen Sammlungen zu finden; vielmehr mußten die zahlreichen Heimat- und Stadtmuseen, kommunale oder private Archive durchforstet werden – eine Vollständigkeit war hier nicht möglich. Vieles wird sich auch weiterhin in privaten Schuhschachteln und Photoalben verbergen.

Der Zufälligkeit des Sammelns entsprachen auch die Zufälligkeiten der so gewonnenen Themen, manches war in Überfülle vorhanden, anderes wieder blieb lükkenhaft oder fehlte überhaupt. In erster Linie wurden die Photos nach ihrer zeittypischen Bedeutung, ihrer Originalität und ihrer Wirkung ausgewählt, manchmal mußten Konzessionen an die Qualität privater Photographien gemacht werden.

Der Schwerpunkt der ausgewählten Bilder liegt in Niederösterreich und Wien, doch haben die meisten auch für die anderen österreichischen Bundesländer in dieser Zeit Gültigkeit.

Frau Mag. Michaela Gaunerstorfer und Frau Mag. Barbara Pilz haben die große Mühe der Bildrecherche auf sich genommen und dabei so manches Kunststück des Auffindens vollbracht. Allen Leihgebern sei für die Überlassung der Photos herzlich gedankt.

Gerhard Jagschitz

Fragen an die Vergangenheit sind in unserer Wohlstandsgesellschaft unmodern geworden. Die Jugend lebt in erster Linie eine intensive Gegenwart, weil sie angesichts weltweiter ökologischer, ökonomischer und sozialer Bedrohungen keineswegs überzeugt ist, eine erstrebenswerte Zukunft zu haben, und die ältere Generation scheint eher darum besorgt zu sein, das Erreichte ins ungewisse Morgen hinüberzuretten. Durch die Medienindustrie verbreitete Reize stillen das Schau-, selten jedoch das Denkbedürfnis, die Vermittlung geschichtlicher Inhalte muß sich auch dem Zwang zur Unterhaltung beugen. Geschichtsbilder werden nur in leicht verdaulichen Portionen angeboten, Erzählungen verkümmern zu bloß einige Sekunden langen Wortspenden. Zwar gibt es auch Bücher über historische Themen, doch sind diese für Minderheiten, und Wissenschafter können von Glück reden, wenn die Auflagen ihrer Bücher ein- oder zweitausend Stück überschreiten.

Dem gegenüber steht jedoch eine tiefe Sehnsucht nach dem Verstehen der persönlichen und sozialen Wurzeln, nach dem Wissen um die Herkunft und die gestaltenden Kräfte, die eine Zeit bestimmen. Immer wieder ist der Einfluß der Geschichte zu bemerken – sei es, daß Wunden oder ungelöste Spannungen aufbrechen, sei es, daß Erklärungen helfen, Erscheinungen der Gegenwart besser einordnen zu können, oder Hilfe bieten beim Erkennen der Konturen des Lebensweges, der Entwicklung einer Gesellschaft. Wissen um Geschichte vermittelt Sicherheit bei der Bewältigung der Gegenwart, ihre Verdrängung trägt zur Orientierungslosigkeit bei.

Es scheint so, als ob wir uns notwendigerweise mit Geschichte beschäftigen sollten, ohne jedoch auch schon die unserer Zeit gemäße Sprache dafür gefunden zu haben. Denn Geschichte als Rechtfertigung für die Richtigkeit und Sinnhaftigkeit des eigenen Lebens heranzuziehen ist ebenso verfehlt wie die penetrante Mahnung an die junge Generation, sich die Entbehrungen der Eltern oder Großeltern zu Herzen zu nehmen.

Rückblicke können dabei helfen, längerfristig bestimmende Kräfte, Tendenzen, größere Entwicklungen und Zusammenhänge zu erkennen und die Übersicht über die eigene Betroffenheit neu zu ordnen, die man aus der Enge des Tages nicht hatte oder haben konnte.

Wenn wir also auf die letzten fünfzig Jahre zurückblicken, können wir zunächst einmal eine Spannung zwischen den Klischees und Mythen, die uns oft wichtige Hilfe zur Lebensbewältigung waren, und den verborgenen und verdrängten Realitäten feststellen.

Die großartige Leistung des Wiederaufbaus hat das Anwachsen des Materialismus begünstigt, der Triumph der technischen Machbarkeit rüttelt an den Grundlagen menschlicher Existenz, Mobilität und technische Kommunikation führen zu wachsender Vereinsamung, die Befreiung von wirtschaftlicher Not fördert Egoismus und soziale Verantwortungslosigkeit. Die naive Hoffnung ist einer besorgten Skepsis gewichen.

Ein weiteres Merkmal ist der radikale Wandel der Wertesysteme. Mit dem Heraustreten aus der Enge der kleinen Lebensräume – wir wissen heute über Konflikte in Südamerika besser Bescheid als über unsere Nachbarn – und dem Zusammenbruch der durch formale Autoritäten gefestigten Hierarchien wurde die Orientierung nach vielen traditionellen Werten beseitigt. Dazu tragen auch die durch eine weltweite Werbeindustrie propagierten modernen Götter und die Weckung bestimmter Konsumbedürfnisse bei. Schließlich sind die gesamten Erscheinungsformen unserer Zeit und der sogenannte Zeitgeist einem ständigen Wandel unterworfen, „dabeizusein" erfordert ein immer schnelleres Lebenstempo.

Damit verglichen erscheint die Zeit, von der unser Buch handelt, geradezu wie eine Idylle. Die große Bescheidenheit, mit den kleinen Dingen des Lebens zufrieden zu sein, die fehlende Perfektion und die naive menschliche Begegnung in vielerlei Formen fallen zuallererst auf. Der Kampf um eine neue Basis der Existenz war undramatisch, nicht spektakulär, ja fast selbstverständlich, traf ein ähnliches Schicksal doch Hunderttausende Menschen zur gleichen Zeit. Man mußte über Emotionen und Beziehungen nicht endlos reden – die Zeit war voll davon, gewachsen im gemeinsamen Leid. Weder Heroisierung noch Düsternis war angebracht, die Not war eine selbstverständliche Herausforderung des Alltags und prägte die hohe Kunst des Überlebens aus, die für diese Zeit so charakteristisch war. Die Reduzierung auf das Machbare schränkte die Wünsche drastisch ein – was damals schon Luxus bedeutete, wäre heute nicht einmal erwähnenswert. Aus der Not entstand auch die Tugend, alles brauchen zu können und daher aufzubewahren, es wurde umgeändert, umgebaut, umgehämmert und umgenäht und für neue Zwecke verwendet. Der Phantasie waren keine Grenzen gesetzt, und das Konsumparadies lag noch in weiter Ferne. Die Vergnügungen nahmen sich bescheiden aus, man beschäftigte sich noch miteinander.

Ein Merkmal der vierziger Jahre war, daß sie versuchten, an die dreißiger Jahre anzuschließen, so als habe es den Krieg nicht gegeben. Mode, Denkweisen und Lebensart sind kaum unterscheidbar, die fehlenden Mittel zwangen auch dazu, sich mit dem Alten zu begnügen. Erst zur Mitte der fünfziger Jahre hin begann dann – nicht zuletzt begünstigt durch eine markante Amerikanisierung – der Prozeß, den wir mit den Formen und Gefühlen einer neuen Zeit verbinden.

Vor allem Niederösterreich war vom Kriegsgeschehen schwer betroffen. Länger als fünf Wochen war das Land Kampfgebiet, dazu kamen die Zerstörungen, die der Luftkrieg seit 1943 bewirkt hatte. Das nationalsozialistische System zeigte noch im Fallen seine Brutalität: Noch in den letzten Kriegstagen geschahen Massenmorde, wüteten Standgerichte. Allerdings wurden diese Gewalttaten durch jene der Roten Armee überlagert, die zunächst nicht als Befreier, sondern häufig als mordende, schändende und plündernde Soldateska in Erscheinung trat. Es brauchte lange Zeit, bis das tiefsitzende Gefühl der Angst von einer allmählichen Normalisierung abgelöst wurde.

Die eigene Lebenslage bewirkte, daß man sich um die große Politik nicht kümmerte. Doch im fernen Wien waren Politiker am Werke, die nach den Bürgerkriegen der Ersten Republik in neuer Gemeinsamkeit die Grundlagen für eine staatliche Organisation, eine Verwaltung und ein Anlaufen der Wirtschaft legten. Man achtete sie, ja sie genossen wegen ihrer an den menschlichen Bedürfnissen orientierten Handlungen hohes Ansehen. Es dauerte aber bis zum Herbst 1945, bis eine Verwaltungsstruktur und Parteiorganisationen in ganz Niederösterreich eingerichtet waren.

Charakteristisches Merkmal des Alltags war die ständige Anwesenheit von Soldaten der vier Besatzungsmächte; Niederösterreich gehörte zur sowjetischen Besatzungszone. Die vier Alliierten griffen nachhaltig in das politische und wirtschaftliche Geschehen ein, sie kontrollierten die Regierung, die Gesetzgebung, die Gerichte und die Verwaltung.

In Niederösterreich bestanden in den größeren Orten sowjetische Kommandanturen, die weitreichende Befehlsgewalt gegenüber den Bürgermeistern hatten. Ohne die keineswegs harmlosen Übergriffe russischer Soldaten bagatellisieren zu wollen, kann man doch feststellen, daß es zwischen den Österreichern und den Besatzungssoldaten zu Arrangements eines Zusammenlebens kam, viele bewiesen großes Geschick bei der Taktik des hinhaltenden Widerstands oder Geschmeidigkeit bei zahlreichen Unannehmlichkeiten.

Lange Zeit waren die lokalen Politiker auf sich allein gestellt, nur durch Improvisation konnten die ersten Monate gemeistert werden. Es fehlte an allem: an Rohstoffen und Maschinen, an Fahrzeugen und Ersatzteilen, viele Produktionsstätten waren zerstört, die Verkehrswege in schlechtem Zustand.

Langsam erst und nur unter großen Schwierigkeiten konnte die Infrastruktur der Wirtschaft wiederhergestellt werden, doch gab es eine Beeinträchtigung auch dadurch, daß die sowjetische Besatzungsmacht viele Maschinen und Anlagen beschlagnahmte oder ehemaliges Deutsches Eigentum als USIA-Betriebe dem österreichischen Zugriff entzog. Nach und nach kam es zur Wiederherstellung regulärer Arbeitsverhältnisse, Löhne und Preise waren viele Jahre durch eigene Abkommen geregelt.

Die Kriegsereignisse hatten auch die Versorgung mit Lebensmitteln schwer beeinträchtigt. Vor allem in den Städten machten sich trotz Rationierung Mangelerscheinungen bemerkbar, man suchte durch Schleichhandel oder Hamstern auf dem Lande das Lebensnotwendigste zu beschaffen. So mancher Familienschmuck, so mancher Perserteppich wurde gegen Mehl, Schmalz oder Fleisch eingetauscht. Zu den Belastungen, die der Krieg nach sich zog, kamen aber noch Naturkatastrophen, insbesondere Hochwasser.

Der Krieg griff auch tief in die Struktur des menschlichen Zusammenlebens ein. Da die meisten Männer im Feld standen, lastete vieles auf den Schultern der Frauen, auch in der Nachkriegszeit. Es waren nicht nur die jetzt so romantisierten „Trümmerfrauen", die den Wiederaufbau der ersten Stunde prägten, Frauen mußten Bauernhöfe und Betriebe führen, Schwerarbeit in der Industrie leisten und als Alleinverdiener für den Lebensunterhalt, den Haushalt und die Kinder sorgen. So manche junge Frau war nach kurzer Ehe Kriegerwitwe, viele Kinder hatten ihre gefallenen Väter nie gesehen.

Auch was die Heimkehrer betrifft, ist Romantik fehl am Platze. Den allzu bekannten Bildern überströmender Wiedersehensfreude stehen die verborgenen Ängste und Sorgen, ob die Familie noch so anzutreffen ist, wie man sie verlassen hat, die oft dramatischen Konfrontationen mit der psychischen Veränderung oder gar Entfremdung und die zahllosen kleinen Tragödien des Alltags gegenüber. Auch diese Menschen waren Kriegsversehrte, obwohl ihnen keine Arme oder Beine fehlten.

Normalisierung bedeutete auch wieder, die kleinen Freuden des Alltags genießen zu können, Feste in der Familie oder im Dorf zu feiern, auch seinen Glauben öffentlich bekennen zu dürfen. Kultur und Unterhaltung waren von naiver Harmlosigkeit, dafür von umso größerer Vielfalt – es gab hierzulande noch kein Fernsehen, das die Menschen hätte vereinnahmen können.

Der Staatsvertrag brachte für die Soldaten der Besatzungsmächte den Abschied, viele sowjetische Soldaten kamen von Österreich direkt in die Straflager, weil sie als Gefahr für das kommunistische System betrachtet wurden.

Doch das Jahr 1955 war auch in anderer Beziehung ein Einschnitt: Es legte mit Staatsvertrag und Neutralität die Grundlage für eine lange Periode des Aufschwungs und Wohlstandes und beendete eine zehn Jahre währende Unselbständigkeit, die sich nicht nur in der großen Politik, sondern auch auf zahlreichen Ebenen des Alltags gezeigt hatte. Schließlich markierte es jene Wende hin zum Modernismus, der bis heute nicht zum Stillstand gekommen ist.

Gerhard Jagschitz

KRIEG UND KRIEGSENDE

1 Tieffliegerangriff in Pöchlarn, 31. März 1945. Zwei Ölzüge werden in Brand geschossen.

2 Fliegerangriff auf Schwechat, 20. Juni 1944.

3 Festnahme eines amerikanischen Piloten in Böhlerwerk, 1945.

4 Identifizierung der Leichen nach dem schweren Bombenangriff in Amstetten, 19./20. März 1945.

5 Bombenangriff auf den Flughafen von Kottingbrunn, 26. Juni 1944.

6 Bombenangriff in Amstetten, 19./20. März 1945.

7 Nach dem schweren Bombenangriff auf den Hauptbahnhof und den Frachtenbahnhof in St. Pölten, 2. April 1945.

8 Bombentrichter am Bahnhofsplatz in St. Pölten, April 1945.

9 Von Fliegerbomben zerstörte Schule in St. Pölten, April 1945.

10 Zerstörter Bahnhof in Amstetten, März 1945.

11 Bombenschäden in St. Pölten, April 1945.

12 Fahrzeuge der Deutschen Wehrmacht am Hauptplatz in Amstetten, Ende März 1945.

13 Deutsche Panzer in Guntramsdorf, März 1945.

14 Luftangriff auf Amstetten, 19./20. März 1945.

15 Deutsche Wehrmacht und Zivilflüchtlinge bei Waidhofen/Ybbs, Frühjahr 1945.

16 Zurückflutende Deutsche Wehrmacht passiert Böhlerwerk, Frühjahr 1945.

17 Rückzug. Litschau, Frühjahr 1945.

18 Flüchtlinge im Wald. Neuhaus, Frühjahr 1945.

19 Amerikanischer Aufklärungstrupp in Amstetten, 6./8. Mai 1945.

20 Sowjetische Panzer in Melk, 8. Mai 1945.

21 Russische Lastwagen in Kasten, Frühjahr 1945.

22 Entfernung einer Panzersperre in Pöchlarn, 8. Mai 1945.

23 Gräber deutscher Soldaten in Böheimkirchen, 1945.

24 Gräber russischer Soldaten in den Wäldern von Traisen, 1945.

25 Kanonen in einem Klostergarten, Mai 1945.

26 Deutsche Panzer warten auf den Abtransport in Scheibbs, Mai 1945.

27 Zerstörungen in Amstetten, Frühjahr 1945.

28 Zerstörungen in Traisen, Frühjahr 1945.

WIEN UND DIE GROSSE ANDERE WELT

29 Prater, Riesenrad, 1945.

30 Kabinettsratssitzung (von links: Johann Koplenig, Adolf Schärf, Karl Renner, Leopold Figl), 6. November 1945.

31 Parteitag der SPÖ (im Bild Adolf Schärf, Rosa Jochmann) in Wien , 15. Dezember 1945.

32 KP-Kundgebung, 1. Mai 1948.

33 Karl Renner bei der Nationalratswahl, 25. November 1945.

34 Maifeier der SPÖ vor dem Rathaus, 1. Mai 1951.

35 Der ehemalige Wiener Bürgermeister Karl Seitz vor der ersten Wahl, November 1945.

36 Leopold Figl in der Bauernstube seiner Wiener Wohnung, 1946.

37 Katholikentag, 14. September 1952. Kardinal Theodor Innitzer auf dem Weg zur Feldmesse am Heldenplatz.

38 Julius Raab bei einem Diplomatenempfang in der Wachau, Juni 1953.

39 Leopold Figl, Karl Renner und sowjetische Offiziere anläßlich der Enthüllung des Heldendenkmals am Schwarzenbergplatz, 19. August 1945.

40 Der amerikanische Hochkommissar General Mark Clark vor dem Bristol Club, 1950.

41 Der Schauspieler Joseph Cotton überreicht Care-Pakete, 1948.

42 Amerikanische Zonentafel mit Kommentar, 1952.

43 Letzte Parade der Alliierten auf dem Heldenplatz, 30. Mai 1955.

44 Parade der Alliierten über die Ringstraße, 1946.

45 Englischer Tattoo anläßlich der Krönung von Königin Elizabeth II., 1952.

46 Hans Holt, Attila Hörbiger bei Aufräumungsarbeiten vor dem Theater in der Josefstadt, Oktober 1945.

47 Wiederaufbau der Staatsoper, Ende 1940er Jahre.

48 Dachdeckerarbeiten am Stephansdom, 1950.

49 Ensemblemitglieder der „Josefstadt" werben für die Energieanleihe, Juni 1953.

50–52 Erste Modeschau in Wien, 1945.

51

52

53 Wahl der Miß Austria, 1949.

54 Eröffnung der Frühjahrsmesse (Leopold Figl, Messedirektor Bruno Marek), 11. März 1951.

55 Internationale Automobilausstellung, Mai 1949.

56 Tag der Fahne auf dem Heldenplatz, 26. Oktober 1955.

BESATZERKULTUR

57 Kyrillische Wegweiser in Orth an der Donau, 1945/46.

58 Sowjetische Soldaten auf einem Lastwagen, 1952.

59 Blick aus dem Zugfenster auf einen Wachposten an der Südbahnstrecke, 1952.

60 Sowjetische Identitätskontrolle am Semmering, 1952.

61 Semmeringgrenze, Ende 1940er Jahre.

62 Sowjetische Kommandantur in Baden, 1. Mai 1955.

63 „Stalinpark" in Amstetten, Juli 1952.

64–65 Parade sowjetischer Truppen in Wolkersdorf, September 1945.

66–67 Befreiungsfeier in Amstetten, April 1947.

68 Transport der Pummerin nach Wien: Prälat Jakob Fried mit Sowjets an der Ennsbrücke, April 1952.

69 Erster Befreiungstag. Kurpark Baden, 13. April 1946.

70 Erster Befreiungstag. Sowjetischer Heldenfriedhof in Ybbs-Griesheim, April 1946.

71 Stab der sowjetischen Kommandantur in Mödling.

72 „Das Kind im Manne" – auch sowjetischen Soldaten kein fremder Begriff.

73

74

75

76

73–80 Sowjetische Besatzungssoldaten …

77

78

79

80

… in verschiedenen Orten Niederösterreichs.

81 Betrunkene sowjetische Soldaten, 1950/51.

82 Sowjetischer Offizier. Baden, um 1950.

NORMALISIERUNG

83 Restaurierung des Steiner-Tor-Turms in Krems, 1954.

84 Wiener Neustadt, Ende 1940er Jahre.

85 Markt in Wiener Neustadt, 1948.

86 Beseitigung von Bombenschäden in St. Pölten, 1946.

87 Bau der Dr.-Karl-Renner-Siedlung in Gmünd, 1954.

88

89

90

91

88–95 Schuttaufräumung in Wiener Neustadt, 1946.

92

93

94

95

96 Korneuburg, 1954.

97 Wiener Neustadt, um 1950.

98 Wiener Neustadt, 1949.

99 Gleichenfeier eines Gemeindebaus in Gmünd, 1949.

100 Grundsteinlegung zur „Friedenssiedlung" in Retz, 1954.

P O L I T I K

101 Erster Befreiungstag in Baden. Vertreter der sowjetischen Kommandantur mit den Bürgermeistern, 13. April 1946.

102 Der erste Volksgerichtshofprozeß im Wiener Landesgericht wegen Kriegsverbrechen, 17. August 1945.

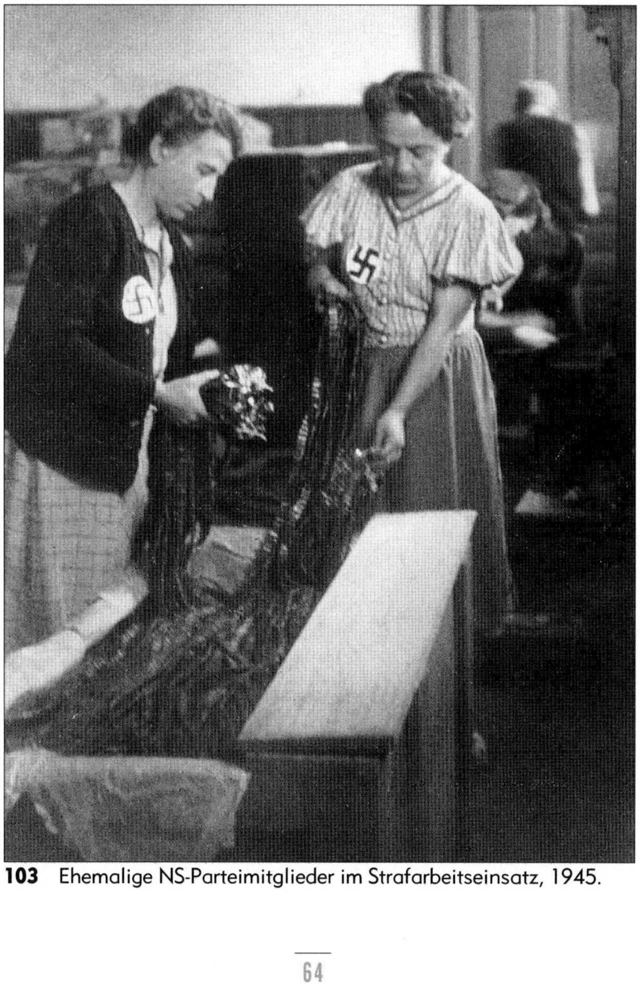

103 Ehemalige NS-Parteimitglieder im Strafarbeitseinsatz, 1945.

104 Friedenskundgebung vor dem Kreisgericht Krems, 3. Juni 1945.

105 Befreiungsfeier in Amstetten, 1947.

106 Erster Befreiungstag am sowjetischen Heldenfriedhof Ybbs-Griesheim, April 1946.

107 Erster Befreiungstag in Baden, 13. April 1946. Es spricht Vizebürgermeister Sofer.

108

109

110

111

108–111 Der Landeshauptmann von Niederösterreich Leopold Figl auf seiner ersten Besichtigungsreise durch sein Land.

112 Der ehemalige Landeshauptmann von Niederösterreich Josef Reither aus dem KZ zurückgekehrt, Juli 1945.

113 Erste Besichtigungsreise Leopold Figls durch Niederösterreich. Im Hintergrund Julius Raab, 1945.

114 Hochwasser 1954, Ybbs. Im Boot Bundeskanzler Julius Raab.

115 Bundespräsident Karl Renner in Korneuburg, 1948.

116 Wahlpropaganda in Wiener Neustadt, 1951.

117 Parteilokal der KPÖ in Amstetten, Ende 1940er Jahre.

118 Litschau, 1. Mai 1946.

119 Veranstaltung der KP-Krems, Ende 1940er Jahre.

120 Spruchband zur Mai-Feier in St. Pölten, 1951.

121 Honoratioren des Ortes Ennsdorf, Mitte 1950er Jahre.

122 Gendarm, im Dienst rasch unterwegs, 1955.

123 Musikzug des niederösterreichischen Landesgendarmeriekommandos. Sieghartskirchen, Mitte 1950er Jahre.

WIRTSCHAFT UND ARBEIT

 Feldarbeit im Mostviertel, Ende 1940er Jahre.

125 USIA-Verkaufsmagazin in Wiener Neustadt, 1955.

126 Betriebsversammlung in den Böhler-Ybbstalwerken, 1950.

127 USIA-Betrieb. Neusiedl/Zaya, um 1950.

128 USIA-Betrieb. Aderklaa, um 1950.

129 USIA-Betrieb. Neusiedl/Zaya, 1955.

130 Erntearbeit im Mostviertel, Ende 1940er Jahre.

131 Jause auf dem Feld. Mostviertel, Ende 1940er Jahre.

132 Dengeln der Sense. Zwingendorf, Ende 1940er Jahre.

133 Wetzen der Sense. Mostviertel, Ende 1940er Jahre.

134 Zur Zeit der Getreideernte. Zwingendorf, Ende 1940er Jahre.

135 Zuckerrübenernte, 1954.

136 Zuckerfabrik Tulln, 1954.

137 Konservenfabrik, 1952.

138 Keramikfabrik in Wilhelmsburg, 1954.

139–140 Bau des Stollens für den zweiten Semmeringtunnel, 1950.

141 Fernamt St. Pölten, 1950.

142 Minerva-Radiofabrik, 1950.

143 Brennholz für den Winter, um 1947.

144 Huf- und Wagenschmied in Spratzern, um 1950.

L E B E N S U M S T Ä N D E

145 Gemüsegeschäft in einer niederösterreichischen Kleinstadt, 1945.

146 Schweineschlachten. Grünau, 1955.

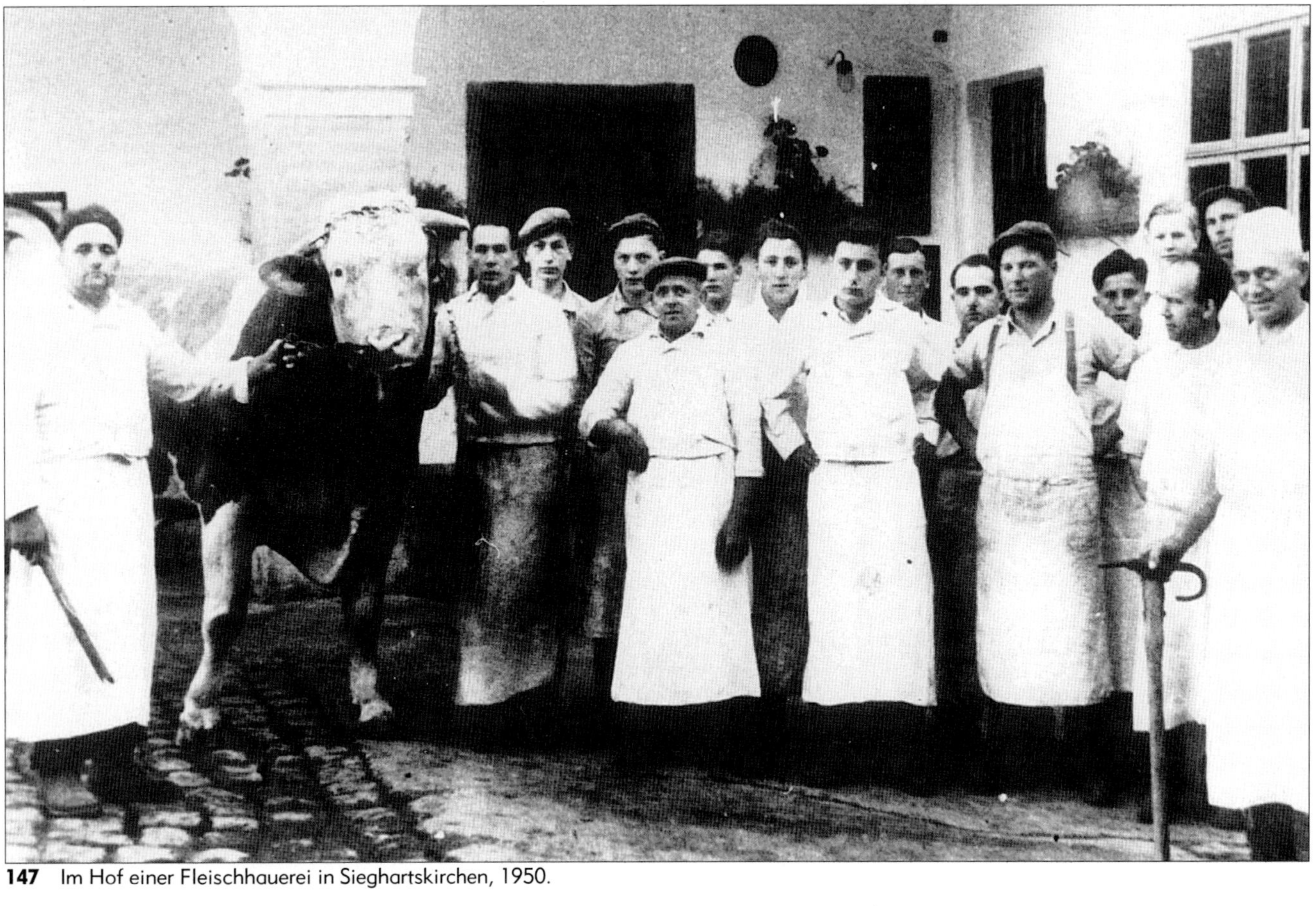

147 Im Hof einer Fleischhauerei in Sieghartskirchen, 1950.

148 Schlachtrinder zur Versorgung Wiens auf dem Freudenauer Trabrennplatz, 1945.

149 Erster Ferkelmarkt in Groß-Enzersdorf, 23. Februar 1949.

150 Kinderausspeisung, Juni 1947.

151 Irische Butterspende. Baden, Ende 1946.

152 Hochwasser 1954, Krems. Der Kaufmann der Ennstaler-Siedlung hat seinen Verkaufstisch im Freien aufgestellt.

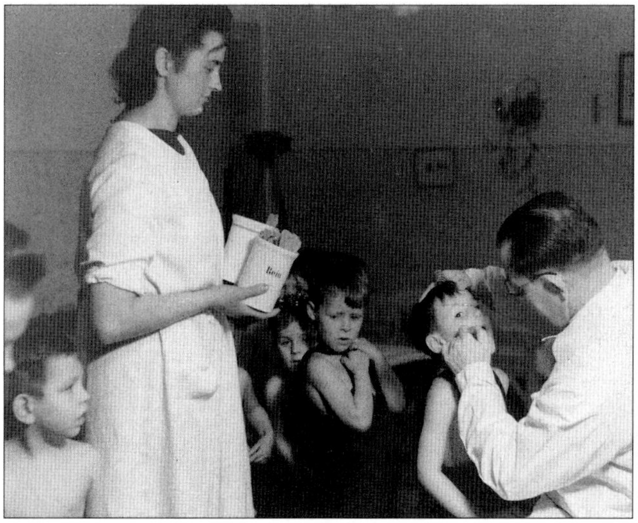

153 Kindererholungsheim in Willendorf, 1950.

RÜCKSCHLÄGE

 Hochwasser 1954. Bürgermeister Röder (an der Spitze) besucht die schwer getroffene Stadt Stein.

155 Hochwasser 1954, Pöchlarn.

156 Hochwasser 1954, Krems.

157 Hochwasser 1954, Pöchlarn. Gerettete Pferde in der Pfarrkirche.

158 Amerikaner und Russen bei der Hochwasserhilfe in Niederösterreich, 1954.

159 Ausgebranntes Wirtschaftsgebäude, 1952.

160 Zugunglück bei Langenwang, 25. September 1951.

161 Exekutive bei einem Lokalaugenschein in einem Mordfall.

162 Verkehrsunfall in Mödling, 1953.

163 Die Lawinenopfer von Heiligenblut werden zu Grabe getragen.

H E I M K E H R E R

164 Heimkehrer in einem Güterwaggon bei der Ankunft in Wiener Neustadt.

165 Heimkehrerzug. Wiener Neustadt, um 1950.

166 Ankunft von Heimkehrern in Wiener Neustadt.

167 Heimkehrer. Wiener Neustadt, um 1950.

168 Aus russischer Kriegsgefangenschaft heimgekehrt, April 1955.

169 Rußland-Heimkehrer beim Verlassen des Bahnhofes Wiener Neustadt, 1947.

170 Auf dem Weg nach Hause.

171 Liebesgaben für die Heimkehrer.

172 Ausspeisung für Rußland-Heimkehrer, 1947.

173 Improvisierte Körperpflege eines Rußland-Heimkehrers, 1947.

174 Empfang des Heimkehrenden.

175 Nach der Rückkehr, 1946.

176 Familienphoto mit dem heimgekehrten Vater, 1946.

177 Vater und Kind, 1947.

178 Kriegsversehrter, 1946.

FRAUEN UND FAMILIE

179 Bäuerin aus Litschau.

180 Holzsammlerinnen im Wienerwald, 1945.

181 Frauen bei Holzarbeiten, 1945.

182 Bauernmarkt unmittelbar nach dem Krieg.

183 „Krautbäuerin".

184 Waschtag am Bach.

185 Mit dem Ochsenwagen über die Dorfstraße in Zwingendorf.

186 Köchinnen und Küchenhilfe bei einer Hochzeit in Zwingendorf.

187 Am Spinnrad.

188 Nähunterricht an einer modernen Nähmaschine, 1954.

189 Kriegerwitwe mit ihren Kindern.

190 Hinterhof in Gmünd, 1952.

191 Bäuerliche Familie beim Essen.

192 Hochzeit in Zwingendorf, November 1948.

193 Hochzeit. Zweite Reihe links: Der Kopf des gefallenen Bruders der Braut wurde in das Bild montiert, 1954.

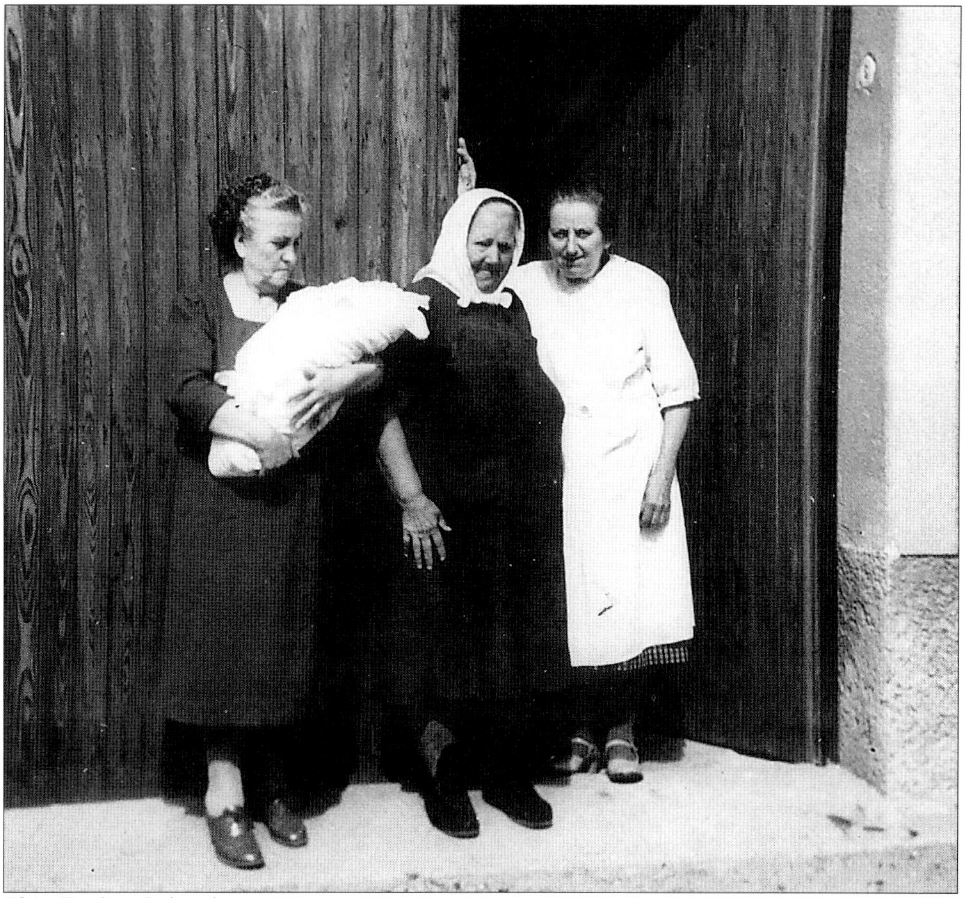

194 Taufe in Rabensburg.

195 Familie. Zwingendorf, 1955.

196 Gemeinsamer Spaziergang.

197 Großeltern und Enkel, nachdem sie vor dem Hochwasser gerettet worden waren. Krems, Juli 1954.

K I N D E R

 Kinder spielen im zurückweichenden Hochwasser. Krems, Juli 1954.

199 Selbstgefertigte Gehhilfe, 1949.

200 Das erste eigene Fahrrad, 1952.

201 Vor dem Sonntagsausflug.

202 Klavierübung.

203 In der Stadtbücherei Gmünd.

204 Hochwasser. Krems, Juli 1954.

205 Maskierte Kinder, 1945.

206 Arbeiterkinder in Wiener Neustadt, 1949.

207 Osterbrauch.

208 Ratscherbuben unterwegs, Mitte 1950er Jahre.

209 Junger Weinbauer. Hadersdorf am Kamp, 1954.

210 Jause auf dem Erntefeld. Mostviertel, Ende 1940er Jahre.

211 Spielplatz Dorfstraße. Hadersdorf am Kamp, 1954.

212 Impressionen von einer Kinderhochzeit, 1949.

213 Zweite Klasse Volksschule, 1948.

214 Kindererholungsheim Willendorf in der Wachau, 1950.

215–216 Schulausflug von Schülern des Stiftsgymnasiums Melk an die Piesting.

217 Wandertag auf den Kollmitzberg, 1955.

218 Schulausflug zum Luftschutzbunker. Amstetten, 1955.

219 Volkstanz der Katholischen Jugend.

220 Jugenddemonstration in Wiener Neustadt.

221 Fasching, 1947.

222 Kinder spielen in Papierkostümen Theater.

223 Schulspiel mit den Landeswappen. Türnitz, 1950.

224 Nach der Erstkommunion, 1949.

FEIERTAGE UND FESTE

225 Eine Abordnung der Pfarre empfängt die Pummerin auf ihrem Weg nach Wien. Pöchlarn-Ornding, April 1952.

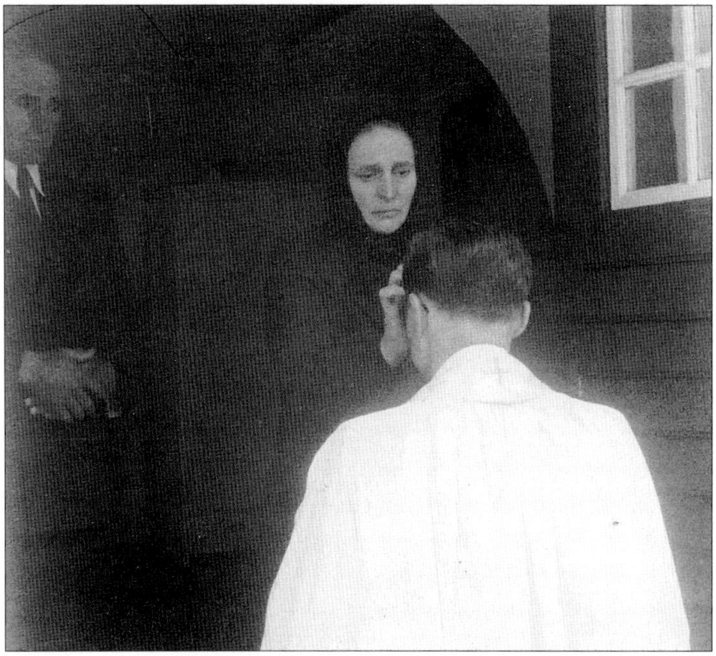

226 Primiz. Retz, 1954.

227 Umgang zur Primiz in St. Georgen am Walde, Sommer 1951.

228 Erstkommunion in Zwingendorf.

229 Fronleichnam in Kasten, 1945.

230 Zuschauer während der Fahrt der Pummerin nach Wien, April 1952.

231 Priester und Ministranten erwarten am 25. April 1952 die Pummerin in Erlauf.

232 Die Pummerin trifft in Sieghartskirchen ein, April 1952.

233 Die Pummerin an der Enns-Brücke vor einem Stalinbild, April 1952.

234 Auto- und Traktorenweihe anläßlich des 50jährigen Bestandsjubiläums des Lagerhauses von Gramatneusiedl, 1951.

235 Eine Musikkapelle fährt zum großen Sommerfest nach St. Pölten, 1951.

236 Flügelhornist aus Großweikersdorf, um 1950.

237 Die Lunzer Musikkapelle noch ohne Uniform, 1947.

238 Kirtag in Zwingendorf, Sommer 1946.

239 Ringelspiel in Hadersdorf am Kamp, 1954.

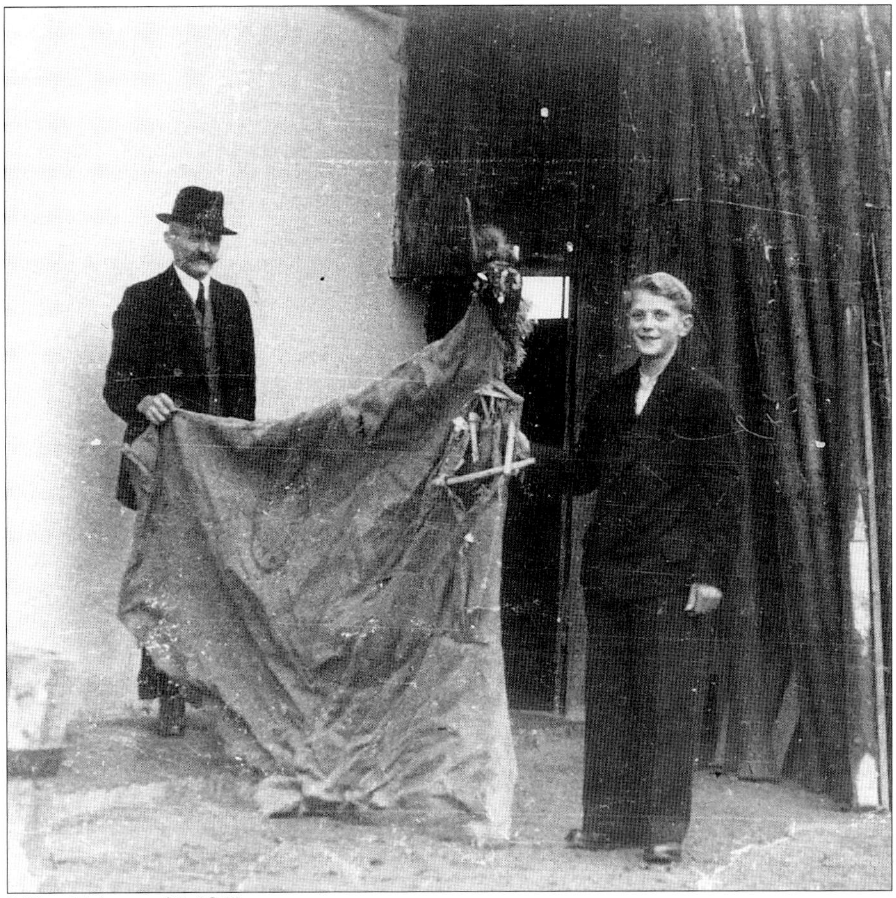

240 „Habergoaß", 1945.

241 Winzerfest mit Weinbeergeiß in Poysdorf, um 1950.

242 Wettkämpfe beim Feuerwehrfest in Krems, 1952.

243 Feuerwehrfest. Krems, 1952.

244 Abendliches Beisammensein nach dem Befreiungstag. Baden, 1946.

245 Eröffnung des Turnsaals der Lunzer Schule, 1955.

246–247 Weihnachten, um 1950.

S P O R T

 Skiausflug, um 1950.

249–250 Sportplatzweihe in Retz, 1955.

251 Mit dem Rad in der Wachau, um 1950.

252 Motorradausflug.

253 Speedway-As Fritz Dirtl mit Theo Lingen bei einer Preisverleihung in Baden, 1950.

254 Rast bei der Winter-Tourenfahrt 1950.

255 Skijöring in Zwettl, 1953.

256 Am Rodelhügel, 1955.

257 Erster privater Schlepplift in Lunz, 1950.

258–259 Eisstockschießen, ein Sport für Männer.

260 Damenhandballmannschaft, 1947.

261 Die Teams des Fußballspiels „Feuerwehr gegen Bauern und Geschäftsleute" in Guntramsdorf, 1949.

262 Marsch zum Fußballplatz. Guntramsdorf 1949.

263 Fußballmatch in Hadersdorf am Kamp, 1950.

264 Richard Menapace überquert bei der Österreich-Radrundfahrt die Demarkationsbrücke bei Enns, 1949.

FREIZEIT, KULTUR UND UNTERHALTUNG

265 Wilderer-Stück. Mostviertel, um 1950.

266

267

268

269

266–269 Spiel zur 950-Jahr-Feier Österreichs auf der Altane des Stiftes Melk: Hunnen; Jakob Prandtauer, der Erbauer von Stift Melk; Leopold I.; ein Heimkehrer.

270–271 „Jedermann" in Retz, 1952.

272 Faschingszug in Lassee, 1950.

273–275 Erster Faschingszug nach einer Unterbrechung von 20 Jahren in Langenlois, 1949.

Immer nur so weiter
froh und heiter
274

Hergestellt aus
ehricht, Kalk und Kleister
Eier am
laufenden Band
Wir brauchen keine
Hühner mehr
Chem. Laboratorium
275

276 Eine Seite eines Albums mit Bildern von privaten Faschingsfesten der Jahre 1954 und 1955.

277 Kinderfasching, 1950.

278 Maskenball in Gmünd, 1954.

Kino – noch immer das Billigste!

Vergleichen Sie bitte und urteilen Sie selbst:

	1937 Schilling	1951 Schilling	Erhöhung
1 Semmel	—'07	—'42	6-fach
1 Briefmarke	—'24	1'50	6-fach
1 Sport-Zigarette . . .	—'05	—'30	6-fach
1 kg Butter	4'60	34'90	7-fach
1 kg Rindfleisch . . .	2'80	20'—	7-fach
1 Ei	—'11	—'90	8-fach
1 Bensdorp-Schokolade	—'10	1'—	10-fach
1 Zentner Koks . . .	8'30	86'—	10-fach
1 kg Reis	—'64	7'50	11-fach

1 Kinokarte (je nach Lage) **durchschnittlich 3-fach**

Trotz Steuer-Erhöhungen und Kulturgroschen stellte das Statistische Zentralamt beim 4. Lohn-Preis-Abkommen fest:

Die Kino-Eintrittspreise weisen mit Ausnahme von Trockenerbsen und Zeitungsabonnements die geringste Steigerung aller Preise seit 1938 auf.

Fachgruppe Lichtspieltheater.

279 Werbung für den Kinobesuch in einem Landkino.

280 Kino in Deutsch-Wagram.

281 Gruppenphoto zum 50jährigen Bestand der ARBÖ-Ortsgruppe Spratzern, 1955.

282 Der Vorstand des „Arbeiterheimes" mit dem Gasthauspächter in Neunkirchen, 1953.

283 Wirtshausstube in Melk.

284 Bierzelt bei der Gewerbeausstellung in Laa an der Thaya, 1950.

285 Ausflug der Lebensmittelhändler nach St. Corona am Wechsel, 1949.

286 Jagdgesellschaft bei Zwingendorf.

287 „Badenixen", aufgenommen auf händisch zugeschnittenem Filmmaterial. Dürnkrut.

288 Badefreuden, 1951.

289 Die Donau bei Höflein. „Surfen" mit alter Kastentüre, 1946.

290 Mit dem Auto zum See. Lunz.

291 Abreise in die Sommerfrische, 1949.

292 An der britisch-sowjetischen Zonengrenze am Semmering, 1952.

293 Sommerferien, 1953.

294 Kasperltheater im Freibad, 1949.

A B S C H I E D

295 Begrüßung der Staatsvertragsdelegation. Bad Vöslau, April 1955.

296 Vertreter der Presse bei der Botschafterkonferenz, Mai 1955.

297 Vor der Ankunft des sowjetischen Außenministers Molotow in Bad Vöslau, April 1955.

298 Julius Raab trifft aus Moskau kommend in Bad Vöslau ein, April 1955.

299 Letztes gemeinsames Photo mit sowjetischen Offizieren und Vertretern der Gemeinde Bruck, 1955.

300 Sowjetische Soldaten vor einem Juweliergeschäft in Baden, 10. September 1955.

301 Abzug der sowjetischen Truppen aus Baden, 1955.

302 Sowjetische Soldaten am Bahnhof von St. Pölten, 1955.

303–305 Verabschiedung von sowjetischen Truppen in Baden, 1955.

305

306 Vor dem Belvedere, Mai 1955.

307 Nach dem Abbau des Grenzhäuschens wird in Ennsdorf die rot-weiß-rote Fahne gehißt.

IN DIE „NEUE ZEIT“

 „Duell“ der Pferdestärken. Bei Baden 1953.

309 Konrad Bastl, einer der letzten Fuhrwerker in Korneuburg.

310 Letzte Fahrt der Straßenbahn in Ybbs, September 1953.

311 Das eigene Auto.

312 In der Wachau.

313 Tankstelle in St. Georgen am Walde, 1955.

314 Tankstelle in Baden.

315 Tatras, 1951.

316 Postautobusse vor dem Bahnhof in St. Pölten.

317 Der Roller des großen Bruders, 1954.

318 Jugendliche auf Rollern. Mödling.

319 Der neue Roller, 1955.

320 Elektrifizierung.

321 Werbeplakate in Mödling, 1955.

322 Kinobar, 1954.

323 Big Band.

324–327 Urlaub am Lunzer See.

325

326

327

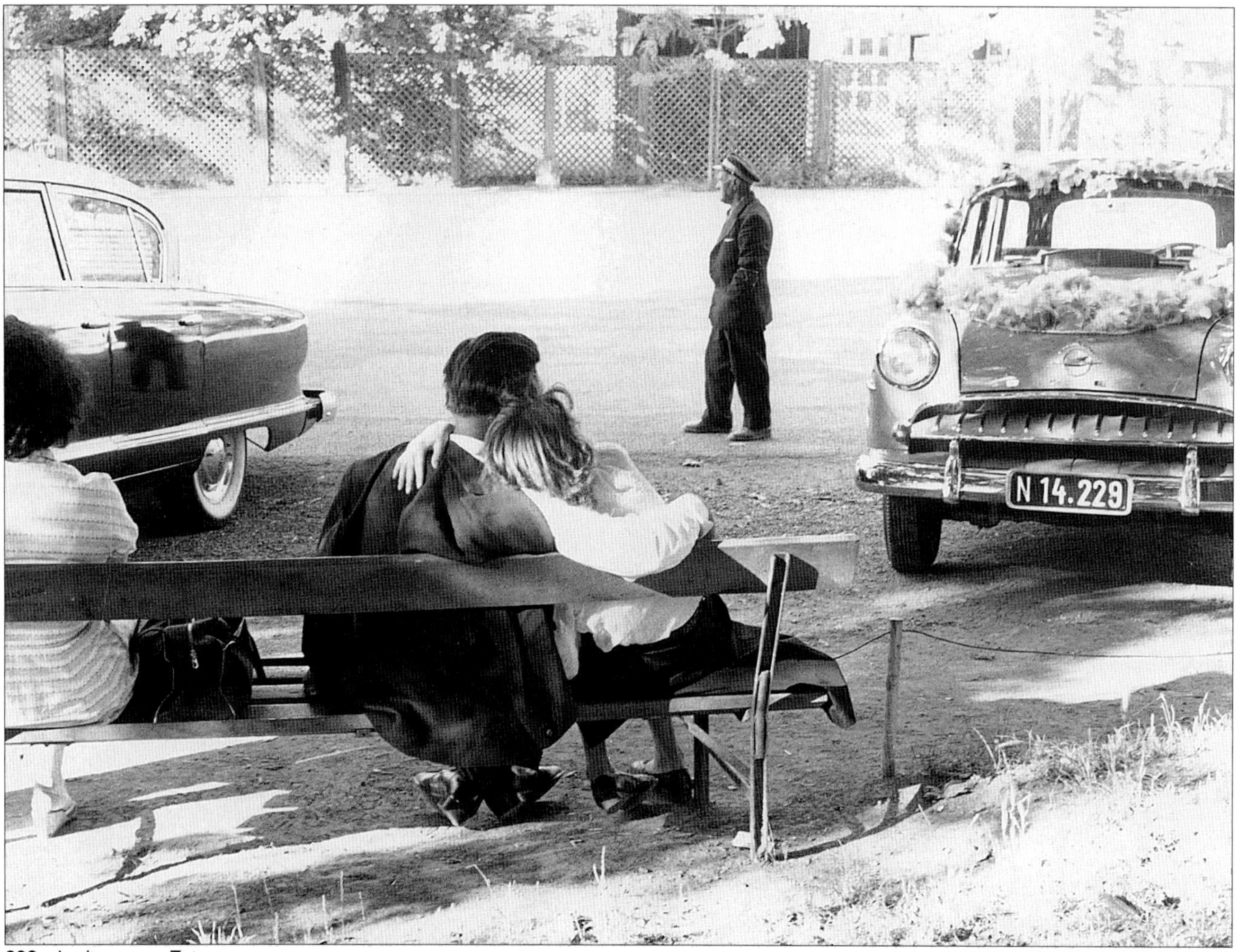

328 In die neuen Zeiten.

Krieg und Kriegsende

1 Sammlung Kappelmüller, Pöchlarn.
2 Archiv der USAF.
3 Böhler-Ybbstalwerke, Böhlerwerk.
4 Sammlung Schindelegger, Amstetten.
5 Rollettmuseum, Baden.
6 Sammlung Schindelegger, Amstetten
7 Historisches Museum der Stadt St. Pölten.
8 Historisches Museum der Stadt St. Pölten.
9 Historisches Museum der Stadt St. Pölten.
10 Bundesbahndirektion, Linz.
11 Historisches Museum der Stadt St. Pölten.
12 Sammlung Schindelegger, Amstetten.
13 Heimatmuseum Guntramsdorf.
14 Sammlung Schindelegger, Amstetten.
15 Heimatmuseum Waidhofen/Ybbs, Herr Almer.
16 Heimatmuseum Waidhofen/Ybbs, Herr Almer.
17 Stadtgemeinde Litschau.
18 Österreichisches Institut für Zeitgeschichte der Universität Wien – Zvacek.
19 Sammlung Schindelegger, Amstetten.
20 APN-Bilderdienst, Wien.
21 Historisches Museum der Stadt St. Pölten.
22 Sammlung Kappelmüller, Pöchlarn.
23 Historisches Museum der Stadt St. Pölten.
24 Historisches Museum der Stadt St. Pölten, Dokumentation Arbeitswelt.
25 Archiv der US-Army.
26 Bezirkshauptmannschaft Scheibbs.
27 Sammlung Schindelegger, Amstetten.
28 Sammlung Czerny, Traisen.

Wien und die große andere Welt

29 Österreichisches Institut für Zeitgeschichte der Universität Wien – Obransky.
30 Österreichisches Institut für Zeitgeschichte der Universität Wien – Zvacek.
31 Österreichisches Institut für Zeitgeschichte der Universität Wien – Blaha.
32 Österreichisches Institut für Zeitgeschichte der Universität Wien – Kofler.
33 Österreichisches Institut für Zeitgeschichte der Universität Wien – Blaha.
34 Österreichisches Institut für Zeitgeschichte der Universität Wien – Blaha.
35 Votava, Wien.
36 Österreichisches Institut für Zeitgeschichte der Universität Wien – Kofler.
37 Österreichisches Institut für Zeitgeschichte der Universität Wien – Hilscher.
38 Österreichisches Institut für Zeitgeschichte der Universität Wien – Kofler.
39 APN-Bilderdienst, Wien.
40 Österreichisches Institut für Zeitgeschichte der Universität Wien – Kofler.
41 Österreichisches Institut für Zeitgeschichte der Universität Wien – Hilscher
42 Österreichisches Institut für Zeitgeschichte der Universität Wien – Hilscher.
43 Österreichisches Institut für Zeitgeschichte der Universität Wien – Hilscher.
44 Österreichisches Institut für Zeitgeschichte der Universität Wien – Hilscher.
45 Österreichisches Institut für Zeitgeschichte der Universität Wien – Kofler.
46 Österreichisches Institut für Zeitgeschichte der Universität Wien – Blaha.
47 APN-Bilderdienst, Wien.
48 Österreichisches Institut für Zeitgeschichte der Universität Wien – Hilscher.
49 Österreichisches Institut für Zeitgeschichte der Universität Wien – Kofler.
50 Österreichisches Institut für Zeitgeschichte der Universität Wien – Hilscher.
51 Österreichisches Institut für Zeitgeschichte der Universität Wien – Hilscher.
52 Österreichisches Institut für Zeitgeschichte der Universität Wien – Hilscher.
53 Österreichisches Institut für Zeitgeschichte der Universität Wien – Hilscher.
54 Österreichisches Institut für Zeitgeschichte der Universität Wien – Hilscher.
55 Österreichisches Institut für Zeitgeschichte der Universität Wien – Blaha.
56 Österreichisches Institut für Zeitgeschichte der Universität Wien – Kofler.

Besatzerkultur

57 Österreichisches Institut für Zeitgeschichte der Universität Wien – Zvacek.
58 Österreichisches Institut für Zeitgeschichte der Universität Wien – Kofler.
59 Österreichische Nationalbibliothek, Bildarchiv.
60 Österreichische Nationalbibliothek, Bildarchiv.
61 Österreichisches Institut für Zeitgeschichte der Universität Wien – Zvacek.
62 Rollettmuseum, Baden.
63 Sammlung Schindelegger, Amstetten.
64 Historisches Museum der Stadt St. Pölten, Dokumentation Arbeitswelt.
65 Historisches Museum der Stadt St. Pölten, Dokumentation Arbeitswelt.
66 Sammlung Schindelegger, Amstetten.
67 Sammlung Schindelegger, Amstetten.
68 Klomfar, Wien.
69 Rollettmuseum, Baden.
70 „Photographica Sammlung", Adi Stöckl, Ybbs.
71 Sammlung Waldner, Mödling.
72 Lichtbildstelle der NÖ Landesregierung, Wien.
73 Sammlung Waldner, Mödling.
74 Sammlung Waldner, Mödling.
75 Sammlung Schindelegger, Amstetten.
76 Sammlung Waldner, Mödling.
77 Österreichische Nationalbibliothek, Bildarchiv.
78 Rollettmuseum, Baden.
79 Österreichische Nationalbibliothek, Bildarchiv.
80 Österreichische Nationalbibliothek, Bildarchiv.
81 Österreichisches Institut für Zeitgeschichte der Universität Wien – Kofler.
82 Rollettmuseum, Baden.

Normalisierung

83 Stadtarchiv Krems.
84 Stadtarchiv Wiener Neustadt.
85 Österreichisches Institut für Zeitgeschichte der Universität Wien – Blaha.
86 Historisches Museum der Stadt St. Pölten.
87 Stadtmuseum Gmünd.
88 Stadtarchiv Wiener Neustadt.
89 Stadtarchiv Wiener Neustadt.
90 Stadtarchiv Wiener Neustadt.
91 Stadtarchiv Wiener Neustadt.
92 Stadtarchiv Wiener Neustadt
93 Stadtarchiv Wiener Neustadt
94 Stadtarchiv Wiener Neustadt.
95 Stadtarchiv Wiener Neustadt.
96 Museum der Stadt Korneuburg.
97 Stadtarchiv Wiener Neustadt.
98 Österreichisches Institut für Zeitgeschichte der Universität Wien – Kofler.
99 Stadtmuseum Gmünd.
100 Stadtarchiv Retz.

Politik

101 Rollettmuseum, Baden.
102 Österreichisches Institut für Zeitgeschichte der Universität Wien – Obransky.
103 Österreichisches Institut für Zeitgeschichte der Universität Wien – Obransky.
104 Stadtarchiv Krems.
105 Sammlung Schindelegger, Amstetten.
106 „Photographica Sammlung", Adi Stöckl, Ybbs.
107 Rollettmuseum, Baden.
108 NÖ Bauernbund, Wien.
109 NÖ Bauernbund, Wien.
110 NÖ Bauernbund, Wien.
111 NÖ Bauernbund, Wien.
112 Historisches Museum der Stadt St. Pölten.
113 NÖ Bauernbund, Wien.
114 „Photographica Sammlung", Adi Stöckl, Ybbs.
115 Museum der Stadt Korneuburg.
116 Stadtarchiv Wiener Neustadt.
117 Sammlung Schindelegger, Amstetten.
118 Stadtgemeinde Litschau.
119 Privatbesitz.
120 Historisches Museum der Stadt St. Pölten.
121 Sammlung Zauner, Ennsdorf.
122 Privatbesitz.
123 Österreichisches Institut für Zeitgeschichte der Universität Wien – Kofler.

Wirtschaft und Arbeit

124 Mostviertler Bauernmuseum, Anton Distelberger, Amstetten.
125 Votava, Wien.
126 Böhler Ybbstalwerke, Böhlerwerk.
127 ÖMV, Wien.
128 ÖMV, Wien.
129 Österreichische Nationalbibliothek, Bildarchiv.
130 Mostviertler Bauernmuseum, Anton Distelberger, Amstetten.
131 Mostviertler Bauernmuseum, Anton Distelberger, Amstetten.
132 Dorfmuseum Zwingendorf.
133 Mostviertler Bauernmuseum, Anton Distelberger, Amstetten.
134 Dorfmuseum Zwingendorf.
135 Österreichisches Institut für Zeitgeschichte der Universität Wien – Hilscher.
136 Österreichisches Institut für Zeitgeschichte der Universität Wien – Hilscher.
137 Österreichisches Institut für Zeitgeschichte der Universität Wien – Hilscher.
138 Österreichische Sanitär-, Keramik und Porzellanindustrie AG, Wilhelmsburg.
139 Österreichisches Institut für Zeitgeschichte der Universität Wien – Hilscher.
140 Österreichisches Institut für Zeitgeschichte der Universität Wien – Hilscher.
141 Historisches Museum der Stadt St. Pölten, Dokumentation Arbeitswelt.
142 Österreichisches Institut für Zeitgeschichte der Universität Wien – Hilscher.
143 Privatbesitz.
144 Historisches Museum der Stadt St. Pölten, Dokumentation Arbeitswelt.

Lebensumstände

145 Österreichisches Institut für Zeitgeschichte der Universität Wien – Zvacek.
146 Historisches Museum der Stadt St. Pölten, Dokumentation Arbeitswelt.
147 Historisches Museum der Stadt St. Pölten, Dokumentation Arbeitswelt.
148 Österreichisches Institut für Zeitgeschichte der Universität Wien – Hilscher.
149 Österreichisches Institut für Zeitgeschichte der Universität Wien – Hilscher
150 Österreichisches Institut für Zeitgeschichte der Universität Wien – Rübelt.
151 Rollettmuseum, Baden.
152 Stadtarchiv Krems.
153 Österreichisches Institut für Zeitgeschichte der Universität Wien – Hilscher.

Rückschläge

154 Stadtarchiv Krems.
155 Privatbesitz.
156 Stadtarchiv Krems.
157 Sammlung Kappelmüller, Pöchlarn.
158 Österreichische Nationalbibliothek, Bildarchiv.
159 Privatbesitz.
160 Österreichisches Institut für Zeitgeschichte der Universität Wien – Hilscher.
161 Österreichische Nationalbibliothek, Bildarchiv.
162 Sammlung Waldner, Mödling.
163 Österreichische Nationalbibliothek, Bildarchiv.

Heimkehrer

164 Stadtarchiv Wiener Neustadt.
165 Historisches Museum der Stadt St. Pölten, Dokumentation Arbeitswelt.
166 Lichtbildstelle der NÖ Landesregierung, Wien.
167 Historisches Museum der Stadt St. Pölten, Dokumentation Arbeitswelt.
168 Klomfar, Wien.
169 Stadtarchiv Wiener Neustadt.
170 Stadtarchiv Wiener Neustadt.
171 Stadtarchiv Wiener Neustadt.
172 Stadtarchiv Wiener Neustadt.
173 Historisches Museum der Stadt St. Pölten.
174 Privatbesitz.
175 Privatbesitz.
176 Privatbesitz.
177 Österreichisches Institut für Zeitgeschichte der Universität Wien – Blaha.
178 Österreichisches Institut für Zeitgeschichte der Universität Wien – Zvacek.

Frauen und Familie

179 Stadtgemeinde Litschau.
180 Österreichisches Institut für Zeitgeschichte der Universität Wien – Zvacek.
181 Österreichisches Institut für Zeitgeschichte der Universität Wien – Zvacek.
182 Votava, Wien.
183 Historisches Museum der Stadt St. Pölten, Dokumentation Arbeitswelt.
184 Historisches Museum der Stadt St. Pölten, Dokumentation Arbeitswelt.
185 Dorfmuseum Zwingendorf.
186 Dorfmuseum Zwingendorf.
187 Österreichisches Institut für Zeitgeschichte der Universität Wien – Blaha.
188 Österreichisches Institut für Zeitgeschichte der Universität Wien – Hilscher.
189 Privatbesitz.
190 Stadtmuseum Gmünd.
191 Mostviertler Bauernmuseum, Anton Distelberger, Amstetten.
192 Dorfmuseum Zwingendorf.
193 Privatbesitz.
194 Pfarrer-Simoncic-Museum, Rabensburg.
195 Dorfmuseum Zwingendorf.
196 Österreichisches Institut für Zeitgeschichte der Universität Wien – Spiegel.
197 Stadtarchiv Krems.

Kinder

198 Stadtarchiv Krems.
199 Historisches Museum der Stadt St. Pölten, Dokumentation Arbeitswelt.
200 Privatbesitz.
201 Privatbesitz.
202 Privatbesitz.
203 Stadtmuseum Gmünd.
204 Stadtarchiv Krems.
205 Historisches Museum der Stadt St. Pölten.
206 Historisches Museum der Stadt St. Pölten, Dokumentation Arbeitswelt.
207 Privatbesitz.
208 Lichtbildstelle der NÖ Landesregierung, Wien.
209 Österreichisches Institut für Zeitgeschichte der Universität Wien – Hilscher.
210 Mostviertler Bauernmuseum, Anton Distelberger, Amstetten.
211 Österreichisches Institut für Zeitgeschichte der Universität Wien – Hilscher.
212 Privatbesitz.
213 Privatbesitz.
214 Österreichisches Institut für Zeitgeschichte der Universität Wien – Hilscher.
215 Archiv des Stiftes Stift Melk.
216 Archiv des Stiftes Melk.
217 Privatbesitz.
218 Privatbesitz.
219 Privatbesitz.
220 Stadtarchiv Wiener Neustadt.
221 Privatbesitz.
222 Privatbesitz.
223 Privatbesitz.
224 Österreichisches Institut für Zeitgeschichte der Universität Wien – Hilscher.

Feiertage und Feste

225 Sammlung Kappelmüller, Pöchlarn.
226 Stadtarchiv Retz.
227 Privatbesitz.
228 Dorfmuseum Zwingendor.
229 Historisches Museum der Stadt St. Pölten.
230 Österreichische Nationalbibliothek, Bildarchiv.
231 Österreichische Nationalbibliothek, Bildarchiv.
232 Pfarramt Sieghartskirchen.
233 Sammlung Zauner, Ennsdorf.
234 Historisches Museum der Stadt St. Pölten, Dokumentation Arbeitswelt.
235 Sammlung Faber, Archiv Fenzlau, Wien.
236 NÖ Volksliedwerk, Wien.
237 Sammlung Fürnweger, Lunz.
238 Dorfmuseum Zwingendorf.
239 Österreichisches Institut für Zeitgeschichte der Universität Wien – Hilscher.
240 Historisches Museum der Stadt St. Pölten.
241 Museum der Stadt Poysdorf.
242 Stadtarchiv Krems.
243 Stadtarchiv Krems.
244 Rollettmuseum, Baden.
245 Privatbesitz.
246 Privatbesitz.
247 Privatbesitz.

Sport

248 Privatbesitz.
249 Stadtarchiv Retz.
250 Stadtarchiv Retz.
251 Historisches Museum der Stadt St. Pölten, Dokumentation Arbeitswelt.
252 Mostviertler Bauernmuseum, Anton Distelberger, Amstetten.
253 Sammlung Faber, Archiv Fenzlau, Wien.
254 Sammlung Faber, Archiv Fenzlau, Wien.
255 Sammlung Faber, Archiv Fenzlau, Wien.
256 Privatbesitz.
257 Privatbesitz.
258 Sammlung Arrer, Reichenau an der Rax.
259 Privatbesitz.
260 Sammlung Arrer, Reichenau an der Rax.
261 Heimatmuseum Guntramsdorf.
262 Heimatmuseum Guntramsdorf.
263 Österreichisches Institut für Zeitgeschichte der Universität Wien – Hilsche.
264 Sammlung Zauner, Ennsdorf.

Freizeit, Kultur und Unterhaltung

265 Mostviertler Bauernmuseum, Anton Distelberger, Amstetten.
266 Archiv des Stiftes Melk.
267 Archiv des Stiftes Melk.
268 Archiv des Stiftes Melk.
269 Archiv des Stiftes Melk.
270 Stadtarchiv Retz.
271 Stadtarchiv Retz.
272 Österreichisches Institut für Zeitgeschichte der Universität Wien – Hilscher.
273 Österreichisches Institut für Zeitgeschichte der Universität Wien – Hilscher.
274 Österreichisches Institut für Zeitgeschichte der Universität Wien – Hilscher.
275 Österreichisches Institut für Zeitgeschichte der Universität Wien – Hilscher.
276 Privatbesitz.
277 Privatbesitz.
278 Stadtmuseum Gmünd.
279 Österreichisches Institut für Zeitgeschichte der Universität Wien – Hilscher.
280 Sammlung Schweikhardt, Wien.
281 Historisches Museum der Stadt St. Pölten, Dokumentation Arbeitswelt.
282 Historisches Museum der Stadt St. Pölten, Dokumentation Arbeitswelt.
283 Stadtmuseum Melk.
284 Österreichisches Institut für Zeitgeschichte der Universität Wien – Hilscher.
285 Österreichisches Institut für Zeitgeschichte der Universität Wien – Hilscher.
286 Dorfmuseum Zwingendorf.
287 Sammlung Hasitschka, Wien.
288 Privatbesitz.
289 Privatbesitz.
290 Marktgemeinde Lunz.
291 Österreichisches Institut für Zeitgeschichte der Universität Wien – Hilscher.
292 Österreichisches Institut für Zeitgeschichte der Universität Wien – Kofler.
293 Privatbesitz.
294 Österreichisches Institut für Zeitgeschichte der Universität Wien – Hilscher.

Abschied

295 Harry Weber, Wien.
296 Österreichisches Institut für Zeitgeschichte der Universität Wien – Hilscher.
297 Österreichisches Institut für Zeitgeschichte der Universität Wien – Hilscher.
298 Harry Weber, Wien.
299 Photo Helmreich, Bruck an der Leitha.
300 Votava, Wien.
301 Kaiser-Franz-Joseph-Museum, Baden.
302 Historisches Museum der Stadt St. Pölten.
303 Klomfar, Wien.
304 Klomfar, Wien.
305 Harry Weber, Wien.
306 Votava, Wien.
307 Sammlung Zauner, Ennsdorf.

In die „neue Zeit"

308 Rollettmuseum, Baden.
309 Museum der Stadt Korneuburg.
310 „Photographica Sammlung", Adi Stöckl, Ybbs.
311 Sammlung Waldner, Mödling.
312 Lichtbildstelle der NÖ Landesregierung, Wien.
313 Privatbesitz.
314 Rollettmuseum, Baden.
315 Sammlung Faber, Archiv Fenzlau, Wien.
316 Magistrat der Stadt St. Pölten.
317 Privatbesitz.
318 Sammlung Waldner, Mödling.
319 Privatbesitz.
320 Lichtbildstelle der NÖ Landesregierung, Wien
321 Sammlung Waldner, Mödling.
322 Privatbesitz.
323 Sammlung Waldner, Mödling.
324 Marktgemeinde Lunz.
325 Marktgemeinde Lunz.
326 Marktgemeinde Lunz.
327 Marktgemeinde Lunz.
328 Harry Weber, Wien.